Obsequiado a:

_____

Por:

_____

Fecha:

_____

Con motivo de:

_____

El poder del perdón
Joyce Meyer

Publicado por *Editorial Peniel*
Boedo 25
Buenos Aires, C1206AAA, Argentina
Tel (54-11) 4981-6178 / 6034
e-mail: info@peniel.com
www.peniel.com

Copyright © 2005 Editorial Peniel

Todas las citas de Las Escrituras, salvo otra indicación, son tomadas de La
Biblia Reina Valera, revisión 1960.

Nota de traducción: En las citas bíblicas, la autora usa paréntesis o corchetes cada
vez que desea aclarar algo, explicar el término usado o cuando desea agregar un
pensamiento personal, ampliar el concepto, etc.

Originally published in english under the title:
The Power of Forgiveness
by Warner Books, Inc.
1271 Avenue of the Americas
New York, NY 10020 USA
Copyright © 2003 by Joyce Meyer

Diseño de cubierta e interior: Arte Peniel - arte@peniel.com

Meyer, Joyce
El poder del perdón. - 1a ed. - Buenos Aires : Peniel, 2010.
    128 p. ; 18x13 cm.
    Traducido por: Ester Revuelta
    ISBN 10: 987-557-305-1
    ISBN 13: 978-987-557-305-5
    1. Vida Cristiana. I. Revuelta, Ester, trad. II. Título
    CDD 248

Impreso en Colombia / Printed in Colombia

Cómo mantener su corazón libre

EL PODER
DEL PERDÓN

JOYCE MEYER

PENIEL

www.peniel.com

Índice

*Jesús nos enseñó que debemos
perdonar a los que nos hieren, orar
por los que nos usan con mala
voluntad, y bendecir a los que nos
maldicen. Eso es muy duro. Pero
hay algo más duro: estar lleno de
odio, amargura y resentimiento.*

¿Por qué debemos perdonar?

PALABRA DE DIOS PARA TI

*El Espíritu de Jehová el Señor está sobre mí,
porque me ungió Jehová; me ha enviado a
predicar buenas nuevas a los abatidos,
a vendar a los quebrantados de corazón, a
publicar libertad a los cautivos, y a los presos
apertura de la cárcel.*

(ISAÍAS 61:1)

Parte Uno

¿POR QUÉ DEBEMOS PERDONAR?

Lo han herido? ¿Maltratado? ¿Abusado? ¿Lo trataron mal o inadecuadamente?¿Ha sido rechazado? ¿Esto ha afectado su estado emocional? ¿Realmente quiere recibir sanidad? ¿Verdaderamente quiere recuperarse? ¿Perdonará?

Creo que la mayoría de las personas son abusadas de una u otra manera durante el trascurso de su vida. Puede ser en forma física, verbal, emocional o sexual. Cualquiera sea el aspecto que tome, el abuso produce una raíz de rechazo, que en la actualidad representa un problema devastador.

Conozco demasiado bien el tema. Fui abusada sexual, física, verbal y emocionalmente desde el momento en que me acuerdo, hasta que dejé mi hogar a la edad de dieciocho años. He sido rechazada, abandonada, traicionada y divorciada. Sé lo que significa una herida... y doy gracias a Dios que Él me ha mostrado cómo recuperarme.

Las emociones heridas pueden transformarse en una prisión que nos encierra dentro de nuestro dolor y mantiene a todos los demás afuera. Tal vez usted se encuentra en la vida en la condición en que yo estuve: prisionera emocional. Es una celda de prisión amarga, llena de resentimiento, de enojo, y el perdón es la llave que abre la puerta que nos retiene. ¿Cuánto hace que está ahí? ¿Quiere ser libre?

---

*¡Jesús vino para abrir las puertas de
las cárceles y dejar libres a los cautivos!
Él quiere sanarlo. Jesús está dispuesto. ¿Y usted?*

PALABRA DE DIOS PARA TI

Y había allí un hombre que hacía treinta y ocho años que estaba enfermo. Cuando Jesús lo vio acostado, y supo que llevaba ya mucho tiempo así [indefenso], le dijo: ¿Quieres ser sano? [¿estás seriamente interesado en ponerte bien?]

(JUAN 5:5-6)

UNA PREGUNTA PARA EL CORAZÓN

*D*urante muchos, muchos años mi clamor era: "¿Por qué a mí, Señor?", y ese clamor llenaba mis pensamientos y afectaba mi actitud diariamente. Viví en el desierto de la autocompasión, y fui un problema para mí, para mi familia, y para el plan de Dios para mi vida. Mi mente perturbada me hacía guardar rencor y esperar que todos los demás arreglaran mi problema. Se me debía algo por la manera en que había sido tratada, pero buscaba que las personas me lo devolvieran... cuando debería haber buscado a Dios.

Cuando Jesús dirigió su pregunta al hombre que había estado recostado junto al estanque de Betesda durante treinta y ocho años, sabía que la autocompasión no iba a liberar a este hombre. "¿Quieres ser sano?" son palabras de compasión para cualquier persona que ha estado atrapada en una cárcel emocional, y que ha aprendido a andar con su problema. Son palabras dirigidas al corazón.

Lograr la libertad de las heridas y ataduras emocionales no es fácil. Lo sé. Provocará sentimientos y emociones que han estado "guardadas" más que enfrentadas y resueltas. Puede implicar mucho dolor de verdad, pero ser libres y quedar limpios por el poder del perdón es la única manera de volver a estar completamente bien alguna vez.

Dios me dijo que podía dar lástima o ser poderosa, pero no podía hacer las dos cosas. Tuve que dejar ir a la autocompasión para quedar libre.

PALABRA DE DIOS PARA TI

*En quien tenemos (liberación y salvación)
redención por su sangre, el perdón de pecados
(faltas y transgresiones) según las riquezas de
su gracia, que hizo sobreabundar para con
nosotros en toda sabiduría e inteligencia.*

(EFESIOS 1:7-8)

PECADO PERSONAL

*P*erdonar a aquellos que nos han herido en el pasado es una de las maneras de quebrar la atadura de una prisión emocional. Pero para muchos de nosotros, tratar con nuestra conciencia de pecado personal puede también constituir un enorme problema. La buena nueva es que no tiene por qué ser así.

Por una multitud de razones que vamos a considerar en este libro, puede estar luchando con sus pecados de una forma en la que no ve que otros creyentes lo hacen. Cuando peca o fracasa de alguna manera, aún cuando comete un error o demuestra debilidad, se siente atrapada. Se pregunta si Dios está enojado con usted, y es fácil dudar de que Él la ama. Y siente que de alguna manera tiene que pagar por lo que ha hecho.

Conoce todas Las Escrituras referidas a la redención y a la remisión de nuestros pecados, y cómo Dios aleja de sí nuestros pecados *"como el oriente está lejos del occidente"*. Pero la fe para recibir el don del perdón de Dios no parece quedar grabada y obrar a su favor, como sucede con otros.

Conozco eso. Como nueva creyente, pedía el perdón de Dios cada noche por todos mis pecados pasados. Me preguntaba si alguna vez encontraría la paz que buscaba.

Una noche mientras oraba escuché que Dios me decía: "Te perdoné la primera vez que me lo pediste, pero tú no has recibido mi regalo porque tú misma no te has perdonado".

PALABRA DE DIOS PARA TI

*Preguntado por los fariseos, cuándo había de
venir el reino de Dios, les respondió y dijo:
El reino de Dios no vendrá con advertencia, ni
dirán: Helo aquí, o helo allí; porque he aquí que
el Reino de Dios está entre vosotros
[rodeándolos].*

(LUCAS 17:20-21).

¿QUÉ ME SUCEDE?

Durante muchos años de mi vida cristiana caminé por todos lados con un pensamiento insistente: "¿Qué me sucede?" ¿Esta pregunta también la persigue a usted?

Intenté hacer todas las cosas que estaban bien. Mi esposo era anciano de la iglesia, y yo estaba en el comité de evangelismo y en la junta de la iglesia. Nuestros hijos fueron a la escuela de la iglesia. No nos perdimos un solo servicio, e hice todo lo que me decían que debía hacer para transformarme en alguien espiritual. Lo intenté e intenté e intenté y, sin embargo, parecía que no podía dejar de cometer errores. Traté de ser justa a través de las obras de la carne. Terminé agotada, cansada, frustrada y triste.

Nunca me imaginé que sufría por los años de abuso y rechazo que había atravesado. Pensaba que todo eso ya había quedado atrás. Es cierto que ya no era sexualmente abusada, pero estaba todo grabado en mis emociones y en mi mente. Todavía tenía los efectos, y los exteriorizaba. Necesitaba sanidad emocional, y era necesario perdonar; no conocía el poder del reino de Dios en mi interior.

Vivía todo desde mi propia mente, voluntad y emociones, los cuales estaban dañados. Jesús había pagado el precio para mi liberación total, pero yo no tenía la menor idea de lo que debía hacer para recibir su don de gracia.

PALABRA DE DIOS PARA TI

*Por sus frutos los conoceréis, ¿acaso se recogen
uvas de los espinos o higos de los abrojos?
Así, todo buen [sano] árbol da buenos
frutos [dignos de ser admirados]; pero el árbol
malo [decadente, sin valor] da frutos
[despreciables] malos. No puede el buen [sano]
árbol dar malos frutos, ni el árbol malo
[enfermo] dar frutos buenos
[dignos de admiración].
Todo árbol que no da buen fruto, es cortado
y echado en el fuego. Así que, por sus
frutos los conoceréis.*

(MATEO 7:16-20)

POR SU FRUTO

Lo primero que debemos darnos cuenta es que el fruto de nuestras vidas –nuestro comportamiento– se origina en algún lugar. Una persona que está enojada está así por alguna razón. Su conducta es el fruto malo de un árbol malo con raíces malas. Es importante que le demos una mirada más honesta y atenta a nuestro fruto, tanto como a nuestras raíces.

En mi propia vida había muchos frutos malos. Experimentaba regularmente bajones de depresión, negativismo, autocompasión, reacciones violentas y el síndrome de que todos me debían algo. Tenía un espíritu dominante, controlador. Era áspera, dura, rígida, legalista y juzgadora. Acumulaba quejas y era temerosa.

Hacía todos los esfuerzos posibles para corregirme. Sin embargo, parecía que sin importar cuál fuera la conducta de la cual quería liberarme, otras dos o tres siempre aparecían en otra parte. Eran como las flores de manzanilla. No llegaba a la raíz escondida del problema, y por lo tanto no iba a eliminarla.

Si este estado de cosas le resulta familiar, puede ser que tenga temas sin resolver en su vida, que necesitan ser identificados y eliminados para que todo pueda refrescarse y renovarse. No huya. Si Dios pudo cambiarme a mí, seguramente que podrá hacerlo con usted.

La fruta podrida se origina en raíces podridas;
el buen fruto nace de las buenas raíces.

PALABRA DE DIOS PARA TI

*Porque si perdonáis a los hombres sus ofensas,
os perdonará también a vosotros vuestro Padre
celestial; mas si no perdonáis a los hombres sus
ofensas, tampoco vuestro Padre os perdonará
vuestras ofensas.*

(MATEO 6:14-15)

PROBLEMAS QUE MANIFIESTAN LAS PERSONAS

*E*l fruto de la falta de perdón crea una condición del corazón que es muy peligrosa, porque La Biblia nos dice directamente que si no perdonamos a las otras personas, entonces Dios no puede perdonarnos a nosotros. Si no podemos perdonar a otros, nuestra fe no funciona, y eso tiene serias consecuencias.

Algunas personas experimentan sentimientos de falta de valor. Tienen un sentido basado en la vergüenza y se autodetestan, se rechazan a sí mismas, y una voz interior les dice que no son buenas, que tienen algo malo.

Otras se vuelven perfeccionistas. Siempre tratan de probar su valor y de ganar amor y aceptación a través de sus logros. Estas personas siempre luchan para hacer todo un poco mejor, con la esperanza de que alguien las ame y acepte un poco más.

Y aún otros son hipersensibles. ¿Usted es "susceptible"? ¿Le gustaría quedar libre de la hipersensibilidad? Si es así, tiene que enfrentar el hecho de que el problema no es con aquellos que lo ofenden y lastiman, es con usted y la condición de su corazón. Ser alguien segura la sanará de esto.

Odio, amargura, resentimiento, soledad y adicciones podrían agregarse a la lista de los frutos malos.

---

*Dios tiene la habilidad maravillosa de
amarnos en medio de nuestras imperfecciones
y quiere sanarnos. Pero para que pueda
hacerlo, debemos estar dispuestas a recibir ayuda.*

PALABRA DE DIOS PARA TI

*Pasad, pasad por las puertas. Barred el camino
al pueblo; allanad, allanad la calzada, quitad
las piedras, alzad pendón a los pueblos.
He aquí que Jehová hizo oír hasta lo último de
la tierra: Decid a la hija de Sión: He aquí viene
tu Salvador, he aquí su recompensa con él, y
delante de él su obra.
Y les llamarán Pueblo Santo, Redimidos de
Jehová; y a ti te llamarán Ciudad Deseada,
no desamparada.*

(ISAÍAS 62:10-12)

SIMULAR

Yo estaba muy triste e infeliz. Sin embargo, como muchas personas, simulaba que todo estaba bien. Nosotros, los seres humanos, simulamos para beneficio de otros, porque no queremos que sepan sobre nuestra tristeza; pero también simulamos para nosotros mismos, así no tenemos que enfrentar y tratar los temas difíciles.

¿Siente, tal vez, que esa es una descripción con la que se identifica? Yo era una persona interiormente, y otra exteriormente. Simulaba tener mucha confianza y de alguna manera era así. Aunque tenía muy baja autoestima, y eso que llamaba confianza no estaba basada en quién era yo en Cristo. Sino en la aprobación de otros, o en mi apariencia, logros, y en otros factores externos. Si usted quitaba la superficie exterior, estaba atemorizada hasta lo máximo. Confundida y llena de agitación interior.

Llegó un día cuando me di cuenta que tenía que enfrentar la verdad y dejar de simular. Creo que nunca supe lo miserable que era hasta que pasé un tiempo leyendo la Palabra de Dios, y comencé a experimentar un poco de sanidad emocional. Si una persona jamás ha conocido la verdadera felicidad, tal como había pasado en mi vida, ¿cómo podría saber lo que le falta?

*Dios será su retribución, y la recompensará
por lo que ha perdido y aquello que le falte.*

PALABRA DE DIOS PARA TI

*Y nosotros hemos conocido y creído el
amor que Dios tiene para con nosotros. Dios es
amor, y el que permanece en amor, permanece
en Dios, y Dios en él.
En esto se ha perfeccionado el amor en
nosotros, para que tengamos confianza en
el día del juicio; pues como él es, así somos
nosotros en este mundo.
En el amor no hay temor, sino que el perfecto
amor echa fuera el temor, porque el
temor lleva en sí castigo. De donde el que teme,
no ha sido perfeccionado en el amor.
Nosotros le amamos a él, porque él
nos amó primero.*

(1 JUAN 4:16-19)

HAMBRIENTA DE AMOR

Somos creadas por Dios para amar. Amar y ser amados hace que la vida valga la pena de ser vivida. Le da propósito y significado a la existencia. Pero si hemos permitido que el pecado, la falta de perdón y el pasado nos separen del amor de Dios, esto nos dejará hambrientas de amor e infelices.

Muchas personas no pueden mantener relaciones sanas, duraderas, porque o no saben cómo recibir amor o hacen una demanda desequilibrada sobre los demás para que les den lo que solamente Dios puede dar. La frustración resultante con frecuencia lleva a la ruina a los matrimonios y asfixia las amistades.

La Biblia nos enseña que Dios ama perfecta o incondicionalmente. Su amor perfecto hacia nosotros no está basado en nuestra perfección. No está basado en nada más excepto Él mismo. Dios es amor (1 Juan 4:8). Amor es Quién es Él. Dios siempre ama, pero nosotros con frecuencia dejamos de recibir su amor.

Dios tuvo que tratar conmigo durante un año completo para que pudiera entender que Él me ama incondicionalmente, y no condicionalmente. No era capaz de poner mi fe en su amor, porque estaba atrapada en mi falta de méritos.

Finalmente me llegó el día de la liberación. Dios con gracia me reveló, a través del Espíritu Santo, su amor por mí personalmente. Esa sola revelación cambió mi vida y mi caminar con Él, completamente.

Palabra de Dios para ti

*Yo soy la puerta; el que por mí entrare, será
salvo; y entrará, y saldrá, y hallará pastos.
El ladrón no viene sino para hurtar y matar y
destruir; yo he venido para que tengan vida, y
para que la tengan en abundancia.
Yo soy el buen pastor, el buen pastor
su vida da por las ovejas.*

(Juan 10:9-11)

PAREDES DE PROTECCIÓN

*L*uego de que nos han herido o sentimos el dolor del rechazo, es nuestra reacción natural construir sistemas elaborados de defensa, de paredes alrededor de nuestras vidas, para proteger nuestras emociones de que algo igual vuelva a repetirse. Ponemos una pared invisible –pero real– entre nosotros y cualquiera que pudiera herirnos.

Como ve, Satanás obra de muchas maneras diferentes para robarle su libertad y gozo. ¡Estas dos últimas van juntas! Si Satanás le roba su libertad, también le robará su gozo. Usted terminará viviendo en una cajita, tratando de hacer siempre lo que piensa que será aceptable a todos los demás... sin dejar nunca que el Espíritu Santo que habita en usted, la dirija.

Las paredes de protección que construimos nunca resultan. Nadie escapa totalmente del rechazo de los demás. Solamente Dios puede edificar paredes de protección que rodeen nuestras vidas, y solamente sucede por fe en la protección de Dios. Debemos permitir que el Espíritu Santo derribe las paredes incorrectas para que Él pueda activar la protección de Dios que se nos ha hecho disponible a través de la salvación.

Si se encuentra entre las paredes de su propio pequeño mundo, ha llegado el momento de salir de su casa y decir: "¡Soy el hijo del Rey! ¡Voy a caminar sin mis paredes! ¡Le creo a Dios para comenzar nuevamente hoy! Voy a perdonar".

———————— ❧ ————————

*Recibir el perdón por las
equivocaciones y pecados del pasado, y
perdonar a otros por sus equivocaciones
y pecados, son dos de los factores más
importantes y poderosos para la
sanidad de nuestras emociones y el
descubrimiento de nuestra
libertad en Cristo.*

—————————————————————

Recibiendo
el perdón

PALABRA DE DIOS PARA TI

Jesús le dijo: Yo soy el camino; y la verdad, y la vida; nadie viene al Padre, sino por mí.

(JUAN 14:6)

Pero sed hacedores de la palabra, y no tan solamente oidores, engañándoos a vosotros mismos.

(SANTIAGO 1:22)

Parte Dos

RECIBIENDO EL PERDÓN

 uchas personas están muy doloridas, y claman por ayuda. El problema es que no están dispuestas a recibir la ayuda que necesitan de parte de Dios.

La verdad es que no importa cuánto podamos querer o necesitar ayuda, no vamos a recibirla hasta que estemos deseosos de hacer las cosas a la manera de Dios. Muchas veces queremos ayuda, pero a nuestra manera.

En Juan 14:6, lo que Jesús expresó cuando dijo *"Yo soy el camino"*, es que Él tiene un cierto camino para hacer las cosas, y si nos sometemos a su camino, todo va a estar bien para nosotros.

Mateo 6:14-15 dice que si perdonamos a los hombres cuando obran mal contra nosotros, nuestro Padre celestial también nos perdonará. Si no perdonamos a los hombres sus malas acciones, nuestro Padre celestial no nos perdonará las nuestras.

Para recibir de Dios lo que Él nos ha prometido en su Palabra, debemos obedecer la Palabra, sea o no difícil hacerlo. Sí, debemos recibir la Palabra, pero entonces debemos transformarnos en hacedores de La Palabra. No debemos esperar actuar de acuerdo a nuestros sentimientos.

¡Los caminos de Dios dan resultado! El perdón es un regalo que se le da a aquellos que no lo merecen ni merecerán jamás. El poder del perdón es el único camino a la libertad.

*Si nosotros hacemos lo que podemos, Dios
hará lo que no podemos.*

PALABRA DE DIOS PARA TI

Dijo entonces Jesús a los judíos que habían
creído en él: Si vosotros permaneciereis
en mi palabra, seréis verdaderamente
mis discípulos; y conoceréis la verdad,
y la verdad os hará libres.

(JUAN 8:31-32)

Y cuando él venga, convencerá al mundo de
pecado, de justicia [rectitud de corazón y
delante de Dios] y de juicio. De pecado, por
cuando no creen en mí;
de justicia, [rectitud de corazón y delante de
Dios] por cuanto voy al Padre, y
no me veréis más.

(JUAN 16:8-10)

Conozca la verdad

El Espíritu Santo nos guía a través de diferentes pasos para experimentar la libertad en nuestras vidas. Él me ha guiado a través de este proceso mientras sanaba mis emociones, que estaban dañadas por años de abuso. Creo que el Espíritu Santo también la guiará a usted mientras busca encontrar victoria y restauración de su espíritu quebrado.

En primer lugar, debe reconocer la verdad. No puede quedar libre si vive en negación. No puede simular que ciertas cosas negativas no le han sucedido, así como tampoco la influencia que han tenido sobre usted, o la reacción que tuvo en respuesta a ellas. No mantenga la falta de perdón agazapada en un rincón oscuro.

Pida al Espíritu Santo que la lleve y guíe en este proceso. Él nos da convicción de pecado, nos expone a la verdad que nos hace libres, pero jamás nos condena. Trae convicción de modo que podamos ver nuestros errores, admitirlos, sentir pesar, estar arrepentidas y recibir perdón y limpieza en la preciosa sangre de Jesús. El Espíritu Santo tiene el poder de quebrar cualquier atadura que pueda tener, y Él le permitirá caminar libre de aquello que fue pecado en su vida.

Es maravilloso tener a Jesús como amigo, porque Él ya sabe todo sobre usted. ¿Por qué esconderse? Venga a Él y sepa que es amada y aceptada sin importar lo que haya en su corazón.

Palabra de Dios para ti

¿Está alguno enfermo entre vosotros? Llame a los ancianos de la iglesia [los guías espirituales] y oren por él, ungiéndole con aceite en el nombre del Señor, y la oración [que es] de fe salvará al enfermo y el Señor lo levantará; y si hubiere cometido pecados, le serán perdonados.
Confesaos vuestras ofensas [sus resbalones, sus pasos en falso, sus ofensas, sus pecados] unos a otros, y orad [también] unos por otros, para que seáis sanados [a un equilibrio de mente y corazón]. La oración eficaz [de corazón, continua] del justo puede mucho.

(Santiago 5:14-16)

CONFIESE SUS FALTAS

Debería intentar, dentro de sus posibilidades, poner Santiago 5:16 en acción. Pienso que hay un lugar en el que, llegado el momento, puede hablar con alguien si es atormentada por sus pecados pasados. Estar envenenada interiormente le impide ponerse bien física, mental, espiritual o emocionalmente. Existe algo poderoso al verbalizar frente a otra persona, lo que obra maravillas a nuestro favor. Esa persona puede ponerse de acuerdo con usted sobre el perdón, y también orar para que usted sea perdonada.

Una vez expuesta a la luz, las cosas escondidas en la oscuridad pierden su poder. Las personas esconden cosas porque temen lo que otros podrían pensar si lo supieran. Incontables personas han venido para que orara, confiando en mí: "Nunca le he contado esto a nadie, pero siento que necesito sacarme esto de adentro". Con frecuencia lloran, y luego viene el alivio tan desesperadamente necesario.

Utilice sabiduría al elegir a la confidente. Pida a Dios que la guíe a una creyente madura en quien pueda confiar. Debe ser alguien que no vaya a quedar aplastada por la carga o dañada por aquello que usted le diga, o que luego utilice lo que le ha dicho para herirla o hacerla sentir peor.

La práctica de confesar nuestras faltas unos a otros y recibir oración, es una poderosa herramienta para ayudar a romper ataduras.

PALABRA DE DIOS PARA TI

*He aquí tú amas la verdad en lo íntimo, y en lo
secreto me has hecho comprender sabiduría.*

(SALMOS 51:6)

NO SE MIENTA

*D*ios desea que enfrentemos la verdad en nuestro ser más íntimo, y luego que lo confesemos de una manera apropiada y a la persona correcta. Algunas veces la persona que más necesita escuchar la verdad, somos nosotros.

Cuando las personas me consultan sobre este aspecto, con frecuencia les digo: "Vaya y mírese al espejo y confiésese el problema a usted misma".

Si, por ejemplo, su problema es que sus padres no la amaban cuando era niña y tiene resentimiento y amargura, enfrente los hechos como una realidad de una vez y por todas. Mírese a usted misma en el espejo y diga: "Mis padres no me amaron y tal vez jamás lo hagan".

No sea una de esas personas que se pasan la vida tratando de obtener algo que nunca tendrán. Si ha permitido que el hecho de no haber sido amada arruine su vida hasta ahora, no deje que lo siga haciendo el resto de su vida. Haga lo que hizo David. Confiésese a usted mismo: *"Aunque mi padre y mi madre me dejaran, con todo, Jehová me recogerá"* (Salmos 27:10).

Cualquiera que sea el problema que la molesta, enfréntelo, confiésese con una confidente confiable, luego admítalo usted misma en su ser más íntimo.

*Admitir la verdad hace que el pasado pierda
poder sobre nosotros.*

PALABRA DE DIOS PARA TI

Yo, yo soy el que borro tus rebeliones, por amor de mí mismo, y no me acordaré de tus pecados.

(ISAÍAS 43:25)

*Porque como la altura de los cielos
sobre la tierra, engrandeció su misericordia
sobre los que le temen.
Cuanto está lejos el oriente del occidente,
hizo alejar de nosotros nuestras rebeliones.
Como el padre se compadece de los hijos;
se compadece Jehová de los que le temen
[con reverencia, adoración y asombro].*

(SALMOS 103:11-13)

RECIBA SU PERDÓN

*S*in importar cuál sea su problema o lo mal que se sienta como consecuencia de eso, guarde esta verdad en su corazón: Dios la ama. Jesucristo dio su vida para que usted pueda ser perdonada, y le ha dado una nueva vida. Dios le ha dado una nueva familia y nuevos amigos para amar y ser aceptada, apreciada y apoyada. Usted va a triunfar por Aquel que vive en su interior y la cuida.

Confiese ante Dios cualquier cosa que se interponga entre Él y usted, como un pecado. No importa lo que haya hecho, diga: "Señor, lo hice, y me asombra poder estar aquí y poder mirarme. Pero puedo hacerlo porque sé que, aunque lo que hice estuvo mal, tú has puesto mis pecados tan distantes como están el este del oeste, ¡y ya no los recuerdas más!"

Una vez que ha confesado sus pecados y pedido el perdón de Dios, si continúa llevándolos delante de Él cada vez que ora, le está recordando algo que Él no solamente ha perdonado sino que en realidad ha olvidado.

A partir de este momento deje de castigarse por algo que ya no existe más.

PALABRA DE DIOS PARA TI

En quien tenemos redención [liberación y salvación] por su sangre; el perdón [la remisión] de pecados [faltas y transgresiones] según las riquezas de su gracia.

(EFESIOS 1:7)

Porque habéis sido comprados por precio [comprados con una preciosura, y pagado por nosotros, hechos de Él]; glorificad, pues, a Dios en vuestro cuerpo y en vuestro espíritu, los cuales son de Dios.

(1 CORINTIOS 6:20)

38

COMPRADA POR LA SANGRE DE JESÚS

ígase a usted misma y en voz alta: "Fui comprada y limpiada de pecados por un precio; comprada con algo precioso; pagaron por mí y soy propiedad de Dios".

Somos libradas del pecado y de toda la "muerte" que trae consigo. Preocupación, ansiedad y temor son formas de la muerte. Conflictos, amargura, resentimiento y falta de perdón, son formas de la muerte. La sangre de Jesús es el único antídoto para la muerte.

La sangre de Jesús es preciosa delante del Padre y debería ser preciosa para nosotros. Una cosa preciosa es algo que protegemos, algo de lo que tenemos cuidado, algo que queremos que sea solo para nosotros. La sangre de Jesús es preciosa, y debería ser honrada y respetada.

La sangre de Jesús nos limpia del pecado y continuamente nos limpiará (ver 1 Juan 1:9). Su sangre es como un agente poderoso de limpieza. Tal como nuestra sangre trabaja para mantener nuestros cuerpos limpios de todo envenenamiento, la sangre de Jesús continuamente nos limpia del pecado en todas sus formas y manifestaciones.

El arrepentimiento desata el poder de la sangre de Jesús a favor de usted. Permita que el Señor "la lave" en la sangre. Desate su fe en la sangre de Jesús.

PALABRA DE DIOS PARA TI

*Ahora, pues, ninguna condenación [ninguna
culpa de mal] hay para los que están en Cristo
Jesús, los que no andan conforme a la carne,
sino conforme al Espíritu.*

(ROMANOS 8:1)

CULPA Y CONDENACIÓN

*U*no de los mayores problemas para muchos creyentes, es la recurrencia de un sentimiento de culpa y condenación por los pecados pasados, los que ya han sido perdonados. El gran deleite de Satanás es hacernos sentir mal acerca de nosotros, y una manera de hacerlo es diciéndonos que nuestro perdón no fue completo.

La Biblia enseña que a través de la sangre de Jesús tenemos perdón completo y total libertad de la condenación. No necesitamos agregar nuestra culpa al sacrificio de Jesús sobre la cruz. Él es más que suficiente.

Si el diablo intenta traer ese pecado a su mente nuevamente bajo la forma de culpa y condenación, declárele: "¡Fui perdonado por ese pecado! Jesús se ha ocupado de él; por lo tanto, yo no me ocupo". Descubrirá que hablar en voz alta con frecuencia le ayudará, porque si obra así está declarando que permanece en la Palabra de Dios. Declare a los principados y poderes que Cristo la ha hecho libre.

No se quede sentada escuchando las acusaciones y las mentiras del diablo. Aprenda a contestarle con la verdad. Comience a verse a sí misma como justificada ante Dios en Cristo Jesús.

Palabra de Dios para ti

*Por lo tanto, no refrenaré mi boca; hablaré en
la angustia de mi espíritu. Y me quejaré con la
amargura de mi alma [¡oh, Señor!].*

(Job 7:11)

PERDONEMOS A DIOS

*M*uchas personas tienen el problema de no perdonar a Dios. Aquellos que nunca han experimentado ese sentimiento, pueden no entenderlo. Pero hay quienes sí saben lo que es sentir animosidad hacia Dios, porque lo culpan por haber sido engañada con algo importante en sus vidas. Las cosas no han resultado de la forma que habían planificado. Se imaginan que Dios podría haber cambiado las cosas si hubiera querido, pero como no lo hizo, se sienten desanimadas y lo culpan por su situación.

Si usted sostiene esta actitud, sabe que es imposible tener compañerismo con quien estamos enojados. Si es así, la única respuesta es perdonar a Dios. Por supuesto, ¡Dios no necesita ser perdonado! Pero esa honestidad del corazón puede quebrar la atadura y restaurar el compañerismo que se ha roto con el Señor.

Con frecuencia pensamos que si solamente supiéramos por qué ciertas cosas nos han sucedido, quedaríamos satisfechas. Creo que Dios nos dice únicamente aquello que realmente necesitamos saber, lo que estamos preparados para manejar y que no nos va a dañar, pero que, más bien, nos ayudará. Debemos aprender a confiar en Dios y no tratar de solucionar nosotros todo en la vida.

Debe llegar el momento cuando dejemos de vivir en el pasado y preguntar por qué. En vez de eso, debemos aprender a dejar que Dios transforme nuestras cicatrices en estrellas.

PALABRA DE DIOS PARA TI

Este es el mensaje que hemos oído de él [el mensaje de la promesa], y os anunciamos; Dios es luz, y no hay ningunas tinieblas en él [bajo ninguna forma]. [Por lo tanto] Si decimos que tenemos comunión con él, y andamos en tinieblas, [estamos haciendo dos cosas] mentimos, y no practicamos la verdad [presentada en el Evangelio].

(1 JUAN 1:5-6)

ABRÁMOSNO DELANTE DE DIOS

*E*l poder del perdón nos deja libres de toda culpa y condenación, y nos permite salir de las tinieblas a la luz de Dios (1 Juan 1:5-6). Por lo tanto, con frecuencia en el pasado tratamos de esconder cosas enterrándolas profundamente dentro de nuestras propias tinieblas. Pero en Dios no hay ninguna tiniebla. Cuando le permitimos una completa entrada en nuestros corazones y mentes, no hay tinieblas.

Estoy muy contenta de que Dios llene cada cuarto de mi corazón con su luz. No existen lugares en mi corazón que yo sepa que estén bloqueados para Dios y la luz que proviene de su presencia.

Debemos permitir que el Señor entre en las tinieblas del corazón y las llene con su maravillosa luz. Necesitamos abrirnos a la luz exploradora y limpiadora del Espíritu Santo de Dios. El resultado es que mientras que antes estábamos acostumbrados a vivir en oscuridad, temor y tristeza, ahora podemos vivir y caminar en luz, paz y gozo. Dios llenará cada parte de nuestras vidas con su Espíritu, dador de vida ¡para que podamos vivir libres!

¡Qué sentimiento maravilloso es ser libres de la simulación. Ya no tener que poner más fachadas ni jugar juegos. ¡Es grandioso caminar en la luz!

Dios tiene nuevos planes en el horizonte de su vida, pero nunca los verá si vive con falta de perdón en su corazón.

Perdonar
a otros

PALABRA DE DIOS PARA TI

*Pero él da mayor gracia [poder del Espíritu
Santo para enfrentar esta tendencia
malvada y todas las otras en forma completa].
Por esto dice: Dios resiste a los soberbios,
y da gracia [continuamente] a los humildes
[aquellos que sean lo suficientemente humildes
como para recibirla].*

(SANTIAGO 4:6)

Parte Tres
PERDONAR A OTROS

He leído que los estudios médicos indican que setenta y cinco por ciento de las enfermedades físicas son causadas por problemas emocionales. Y uno de los grandes problemas emocionales que las personas experimentan, es la culpa. Muchas personas se autocastigan con enfermedades. Se niegan a relajarse y disfrutar de la vida porque, después de todo, no se merecen pasar un tiempo bueno. Por lo tanto viven en perpetua penitencia de lamento y remordimiento. Este tipo de estrés enferma a las personas.

Hay dos cosas que hacen que nuestro interior se revolucione completamente. La primera, las cosas negativas que nos hacen los demás. La segunda, las cosas negativas que nos hemos hecho a nosotros mismos y a otros. Nos cuesta superar las cosas que otros nos han hecho, y se nos hace difícil olvidar lo que nos hicimos a nosotros mismos y a otros.

Hace muchos años tuve la posibilidad de quedarme en la amargura, llena de odio y autocompasión, resentida de la gente que me había herido y abusado tanto, como de aquellos que podían disfrutar de vidas agradables, normales, que nunca habían sido heridos como yo. O podía elegir seguir el camino de Dios, permitirle transformarme en una persona mejor como resultado de lo que había atravesado. Le agradezco a Él que me diera la gracia para atravesar todo y seguir su forma de andar, en vez de la de Satanás.

El estilo de Dios es el perdón.

PALABRA DE DIOS PARA TI

Entonces respondió y me habló diciendo: Esta
es palabra de Jehová a Zorobabel que dice: No
con ejército, ni con fuerza, sino con mi Espíritu,
ha dicho Jehová de los ejércitos.

(ZACARÍAS 4:6)

Los que sembraron con lágrimas,
con regocijo segarán.

(SALMOS 126:5)

UMBRALES DE DOLOR

*P*ara muchos de nosotros, perdonar a alguien que nos ha herido es la parte más difícil de la sanidad emocional. Es más, puede llegar a ser la piedra de tropiezo que lo impida. Aquellos que han sido severamente heridos por otros, saben que es mucho más fácil decir la palabra perdonar, que hacerlo.

En primer lugar, déjenme decirles que no es posible tener buena salud emocional mientras alberguemos amargura, resentimiento y falta de perdón hacia alguien. Es veneno dentro de su sistema. Y es imposible mejorar si eso sigue allí.

Cuando finalmente le permití al Señor comenzar a obrar en mi vida, Él me reveló que yo me había escondido detrás de "umbrales de dolor", los hechos dolorosos y situaciones de mi pasado. Para volver a atravesar los mismos, o parecidos umbrales, y ser liberada y sanada, era necesario enfrentar temas, personas y verdades que eran tan difíciles para mí, sino imposibles para enfrentar por mí misma.

No se atemorice por el dolor. La tentación es huir, pero el Señor dice que debemos pasar a través de nuestros problemas. Permita que su dolor la saque de la atadura, no que la arrastre más adentro. Soporte lo que sea necesario, sabiendo que del otro lado hay gozo.

¡Dios no agrega dolores y heridas sobre nosotras.
Pero si otros ya las han puesto allí, Él tiene la
capacidad de transformar los errores en milagros

Palabra de Dios para ti

Quítense de vosotros toda amargura, enojo [animosidad], ira [pasión, rabia, mal carácter] gritería [alboroto, clamor, contención] y maledicencia [mal hablar, lenguaje abusivo o blasfemo], y toda malicia [pesar, mala voluntad, vileza de cualquier especie]. Antes sed benignos unos con otros, misericordiosos [compasivos, comprensivos, amorosos], perdonándoos [rápidamente y libremente] unos a otros, como Dios también os perdonó a vosotros en Cristo.

(Efesios 4:31-32)

Y al que vosotros perdonáis, yo también; porque también yo lo que he perdonado, si algo he perdonado, por vosotros lo he hecho en presencia de Cristo [El Mesías], para que Satanás no gane ventaja alguna sobre nosotros; pues no ignoramos sus maquinaciones.

(2 Corintios 2:10-11)

PERDONE RÁPIDAMENTE

*L*a Biblia nos enseña a perdonar "rápida y libremente". Ese es el estándar para nosotros, no importa cómo nos sintamos al respecto. Debemos perdonar rápidamente.

De acuerdo con 1 Pedro 5:5, debemos revestirnos con el carácter de Jesucristo, lo cual significa que debemos soportar, ser pacientes, no ofendernos con facilidad, ser lentos para enojarnos, rápidos para perdonar y llenos de misericordia.

Mi definición de "misericordia" es la habilidad de poder ver más allá del hecho, para descubrir la razón. Muchas veces las personas hacen cosas aún sin entender por qué lo han hecho, pero siempre existe una razón por la cual las personas se comportan como lo hacen.

Lo mismo sucede con nosotros como creyentes. Debemos ser misericordiosos y perdonadores, tal como Dios en Cristo nos perdona nuestros errores, aún cuando no entendemos por qué hacemos lo que hacemos.

Elegir perdonar a otros depende de nosotros. Dios no va a forzar a nadie a hacerlo. Aún sin entender, elija hacerlo, crea que la manera en que Dios hace las cosas es la mejor. Da resultado. Él puede tomar aquello con lo que Satanás tuvo la intención de destruirla y transformarlo en algo bueno. Usted debe creer eso o se desesperará (vea Salmos 27:13).

Debemos perdonar para evitar que
Satanás tome ventaja sobre nosotros.

PALABRA DE DIOS PARA TI

*Mirad bien, no sea que alguno deje de alcanzar
la gracia de Dios [su favor inmerecido y
bendición espiritual], que brotando alguna raíz
de amargura [rencor, resentimiento u odio], os
estorbe, y por ella muchos sean contaminados.*

(HEBREOS 12:15)

UNA RAÍZ DE AMARGURA

Cuando permitimos la falta de perdón en nuestras vidas, nos llenamos de resentimiento y amargura. Lo amargo se refiere a algo que es picante o ácido al gusto.

Recordamos que cuando los hijos de Israel iban a ser sacados de Egipto, el Señor les dijo en la víspera de su partida que prepararan una comida de Pascua que incluía hierbas amargas. ¿Por qué? Dios quería que ellos comieran esas hierbas amargas como recordatorio de las amarguras que habían experimentado en la esclavitud. La amargura siempre va de la mano con la esclavitud.

¿Cómo comienza la amargura? Crece a partir de una raíz. La versión Reina Valera habla de una raíz de amargura. Una raíz de amargura a partir de la semilla de la falta de perdón, siempre produce el fruto de la amargura.

La amargura es el resultado de muchas ofensas menores que no podemos olvidar, esas cosas que repetimos una y otra vez dentro de nosotros hasta que crecen en forma desproporcionada. Y todo viene de las ofensas más notables que las personas han cometido en contra de nosotros. Cuanto más tiempo les permitimos crecer y las albergamos, más poderosas se vuelven.

Una raíz de amargura infectará nuestro ser por completo: personalidad, actitud, comportamiento, perspectiva y relaciones, especialmente nuestra relación con Dios.

PALABRA DE DIOS PARA TI

*Y santificaréis el año cincuenta, y pregonaréis
libertad en la tierra a todos sus moradores; ese
año os será de jubileo (...) Y cuando tu
hermano empobreciere, estando contigo, y se
vendiere a ti, no le harás servir como esclavo
[que no puede ser elegido para quedar libre].
Como criado, como extranjero estará contigo;
hasta el año del jubileo te servirá.
Entonces saldrá libre de tu casa; él y sus hijos
consigo; y volverá a su familia, y a la posesión
de sus padres se restituirá.*

(LEVÍTICO 25:10; 39-41)

*Y cuando estéis orando, perdonad, y si tenéis
algo contra alguno, para que también vuestro
Padre que está en los cielos os perdone a
vosotros vuestras ofensas.*

(MATEO 11:25)

¡DÉJELO IR!

*H*ágase a usted mismo un favor y ¡deje ir a la ofensa y al ofensor! Perdonar es evitar ser envenenado o encarcelado. Perdonar es eximir o perdonar una falta u ofensa.

Cuando una persona es descubierta como culpable de un delito y sentenciada a prisión, decimos que tiene una deuda con la sociedad. Pero si es perdonada, se le permite seguir su camino libremente, sin restricciones. Ese tipo de perdón no puede ganarse, debe ser garantizado por una autoridad superior.

Cuando alguien nos hiere, reaccionamos como si ese individuo nos hubiera robado algo. Sentimos que nos debe. Sin embargo, Jesús nos dijo que debíamos olvidar la mala acción, dejarla de lado. Y nos enseñó a orar en el Padre Nuestro: *"Perdónanos nuestras deudas, como nosotros perdonamos a nuestros deudores"*.

En Levítico 25 leemos sobre el año del jubileo, en el cual todas las deudas y los deudores eran perdonados y liberados en Israel. Cuando estamos en Cristo, cada día puede ser un año de jubileo… si estamos dispuestas.

Es el momento de liberar a esas personas de su deuda y dejarlas libres. Es tiempo de permitir que el año del jubileo se celebre en nuestras vidas.

Las buenas nuevas de la cruz son que Jesús
pagó la deuda por nosotros. Dios puede decirnos:
"¡Ya no me debes nada!"

PALABRA DE DIOS PARA TI

Entonces Jesús les dijo otra vez: Paz a
vosotros. [Tal] Como me envió el Padre,
así también yo os envío.
Y habiendo dicho esto, sopló, y les dijo:
Recibid el Espíritu Santo.
[Y ahora que recibieron el Espíritu Santo, y
son guiados y dirigidos por Él] a quienes
remitiereis los pecados les son remitidos; y a
quienes se los retuviereis, les son retenidos.

(JUAN 20:21-23)

Reciba la ayuda del Espíritu Santo

*L*a regla número uno para perdonar pecados es recibir al Espíritu Santo, quién provee la fuerza y habilidad para perdonar. Ninguno de nosotros puede hacer eso solo.

Creo que en Juan 20, cuando Jesús sopló sobre los discípulos y recibieron el Espíritu Santo, nacieron de nuevo en ese momento. Lo siguiente que Él les dijo fue que cualquiera que fueran los pecados que perdonaran, eran perdonados, y cualquiera fueran los pecados que retuvieran, eran retenidos. El perdón de los pecados parece ser el primer poder conferido sobre las personas cuando nacen de nuevo. Si eso es así, entonces el perdón de pecados es nuestra primera obligación como creyentes.

Luego de tomar conciencia de que no se puede perdonar sin la ayuda del Espíritu Santo, ore y desate a la persona que la ha herido. Repita esta oración en voz alta: "Espíritu Santo sopla sobre mí y dame fuerza. Perdono a (nombre) por (cualquier cosa que le haya hecho) desato a esta persona de la deuda. Elijo caminar en tus caminos, Señor. Te amo, y dejo esta situación en tus manos. Pongo mi preocupación sobre ti, y te creo para mi restauración total. Ayúdame, Señor. Sáname de todas las heridas que me causaron".

Ahora por fe deje todo en las manos de su Padre.

*En nuestro proceso hacia la sanidad,
generalmente estamos atados interiormente.
Al perdonar, Jesús comienza a arreglar nuestras vidas,
pues desata los nudos uno a uno.*

PALABRA DE DIOS PARA TI

Oísteis que fue dicho: Amarás a tu prójimo,
y aborrecerás a tu enemigo.
Pero yo os digo: Amad a vuestros enemigos,
bendecid a los que os maldicen, haced bien a
los que os aborrecen y orad por los que os
ultrajan y os persiguen.

(MATEO 5:43-44)

Bendecid a los que os maldicen, y orad [pedid
el favor de Dios] por los que os calumnian
[que los denigran, critican, menosprecian, y los
maltratan con arbitrariedad].

(LUCAS 6:28)

Bendecid a los que os persiguen;
bendecid, y no maldigáis.

(ROMANOS 12:14)

No maldiga, bendiga

¿*P*uede ver lo que todavía falta cuando simplemente perdonamos a alguien y no vamos más allá? Dios en su Palabra nos instruye para que perdonemos a otros, y que después los bendigamos.

En este contexto la palabra bendecir significa "hablar bien de". Es extender misericordia a las personas que no se la merecen. Y debemos orar por ellos para que sean bendecidos espiritualmente. Debemos pedir a Dios para que les envíe verdad y revelación sobre su actitud y comportamiento, para que estén dispuestos a arrepentirse y quedar libres de pecados.

La revancha dice: "Tú me maltrataste, por lo tanto voy a maltratarte". La misericordia dice: "Tú me maltrataste, por lo tanto voy a perdonarte, restaurarte y tratarte como si nunca me hubieras herido". ¡Qué bendición poder dar y recibir misericordia! Dé misericordia y recibirá misericordia.

La misericordia es un atributo de Dios que se ve en el modo que Él trata con su pueblo. La misericordia es buena para nosotros cuando nos merecemos juicio. La misericordia nos acepta y bendice cuando merecemos ser totalmente rechazados. La misericordia comprende nuestras debilidades y no nos juzga.

*El poder del perdón nunca dará resultado,
si decimos que perdonamos pero luego nos damos
vuelta y maldecimos al ofensor con nuestra lengua,
o seguimos divulgando la ofensa.*

PALABRA DE DIOS PARA TI

*No os unáis en yugo desigual con los
incrédulos [no hagáis alianzas con quienes no
son compañeros o queden en yugo desigual con
ellos, que no sea consistente con su fe],
porque ¿qué compañerismo tiene la justicia con
la injusticia? ¿Y qué comunión
la luz con las tinieblas?
¡Y qué concordia Cristo con Belial [el diablo]?
¿O qué parte el creyente con el incrédulo?*

(2 CORINTIOS 6:14-15)

PERDÓN Y RESTAURACIÓN

*M*uchas personas tienen la idea equivocada de que si alguien las ha herido y perdonan a esa persona, tendrán que volver a sufrir nuevamente la misma herida. Piensan que para poder perdonar, deben volver a mantener una relación activa con la persona que las ha herido. Eso no es verdad, y este concepto equivocado ha causado problemas a muchas personas que quieren perdonar.

El perdón no necesariamente significa restauración. Si la relación puede ser restaurada, y está dentro de la voluntad de Dios que se restaure, entonces la restauración será el mejor plan. Pero una relación rota no siempre puede ser restaurada. Algunas veces no será sabio, especialmente en los casos en que una parte del problema fue el abuso. Puede resultar peligroso.

En mi caso particular, aunque perdoné a mi padre que me abusó y en su momento quise volver a tener compañerismo, él me dejó claro que no pensaba que había hecho nada malo. De hecho, aunque ahora se ha arrepentido, en aquel momento llegó hasta culparme por lo que había sucedido. Sin arrepentimiento de su parte, en esa relación no podría haber existido la reconciliación.

No caiga en la trampa que pueda abrir su herida y hacerla sangrar nuevamente.

Palabra de Dios para ti

Guarda silencio ante Jehová, y espera en él. No te alteres con motivo del que prospera en su camino, por el hombre que hace maldades. Deja la ira, y desecha el enojo; no te excites en manera alguna a hacer lo malo.

(Salmos 37:7-8)

Y se dirá en aquel día: He aquí, éste es nuestro Dios, le hemos esperado, y nos salvará; éste es Jehová a quien hemos esperado, nos gozaremos y nos alegraremos en su salvación.

(Isaías 25:9)

Perdón versus sentimientos

*C*reo que el engaño más grande en el área del perdón que Satanás ha perpetuado en la iglesia, es la idea de que si los sentimientos de una persona no han cambiado, entonces es que no ha perdonado. Muchas personas creen este engaño. Se deciden a perdonar a alguien que los ha dañado, pero el diablo los convence que porque aún tienen los mismos sentimientos hacia esa persona, no la han perdonado en forma completa.

Puede tomar todas las decisiones correctas y durante un largo tiempo no "sentir" nada diferente a lo que sentía antes de decidirse a perdonar. Allí es donde la fe es necesaria para que pueda pasar ese tiempo. Ha hecho su parte y ahora espera en Dios para que haga la suya. Y esa parte es sanar sus emociones, hacerlo sentir bien y no herido. Únicamente Dios tiene el poder de cambiar sus sentimientos hacia la persona que lo ha herido.

Al esperar es dónde la batalla se gana en el ámbito espiritual. Esperar y mantener sus ojos en Dios para empezar, pondrá presión sobre las fuerzas demoníacas que iniciaron el problema, y tendrán que devolver el terreno que habían ganado. ¡La sanidad lleva tiempo!

Puede tomar la decisión de obedecer
a Dios, pero no puede cambiar sus sentimientos.
Dios hará eso con el tiempo.

*Para que el cambio sea duradero,
debe venir de adentro hacia fuera.
Únicamente Dios puede hacer ese
tipo de cambio en el corazón.
Deje que Dios sea Dios.*

Restaurar
el alma

PALABRA DE DIOS PARA TI

*Jehová es mi pastor [para alimentar, guiar, y
escudarme]; nada me faltará.
En lugares de delicados pastos [frescos,
tiernos] me hará descansar; junto a aguas de
reposo me pastoreará. Confortará mi alma
[mi ser]; me guiará por sendas de justicia
[rectitud y andar correctamente con Él] por
amor de su nombre.*

(SALMOS 23:1-3)

Parte Cuatro

RESTAURAR EL ALMA

l Salmo veintitrés es de mucho consuelo. En él el salmista David nos dice que es el Señor quien nos guía, alimenta, cubre. Quien nos hace recostarnos y descansar, quién refresca y restaura nuestra alma.

Es a través del poder del perdón que Dios nos guía por los senderos de la justicia, de la rectitud y de la corrección delante de Él. David dice que Dios nos guía en el sendero adecuado para cada uno individualmente. Si se lo permitimos, Él nos guiará por su Santo Espíritu en el camino específico que nos lleva al cumplimiento del destino que Él planificó para nosotros.

A través de los portales del perdón, Dios refresca y restaura nuestra alma y nuestra vida. Es a través de nuestra alma que nuestro cuerpo se contacta con el mundo, básicamente a través de nuestra personalidad, y es con nuestro espíritu que nos contactamos con Dios. El Diccionario Webster's nos dice que la palabra restaurar significa "1.Volver a la existencia o uso. 2.Volver al estado original. 3.Poner en la posición anterior. 4.Hacer restitución de: devolver".

Dios promete restauración de lo que se había perdido o arruinado a través de la falta de perdón. Puedo ver que Dios mantiene sus promesas.

*Es peligroso volver atrás en su subconsciente
y excavar todo tipo de memorias dolorosas y dañinas.
Confíe que el Espíritu Santo traerá únicamente
aquellas cosas que necesitan ser consideradas.*

PALABRA DE DIOS PARA TI

*Porque somos hechura suya [de su propiedad],
creados [su obra manual] en Cristo Jesús
[nacidos de nuevo] para buenas obras, las
cuales Dios preparó de antemano [planificó con
anticipación] [andando por los caminos que Él
preparó antes] para que anduviésemos en ellas
[viviendo la buena vida que Él arregló
previamente y la dejó lista para que nosotros
la viviéramos].*

(EFESIOS 2:10)

*Porque yo sé los pensamientos que tengo acerca
de vosotros, dice Jehová, pensamientos de paz, y
no de mal, para daros el fin que esperáis.*

(JEREMÍAS 29:11)

EL PLAN PREDESTINADO POR DIOS

*D*ios tenía un buen plan preparado para cada uno de nosotros, antes de que hiciéramos nuestra aparición sobre este planeta. El plan específico para cada uno de nosotros no es un plan de fracaso, tristeza, pobreza, enfermedad y dolencias. Su plan es un buen plan, un plan para vida, salud, felicidad y satisfacción.

En Juan 10:10 Jesús dijo: *"El ladrón no viene sino para hurtar y matar y destruir; yo he venido para que tengan vida, y para que la tengan en abundancia".* El diablo viene para interrumpir ese plan y para destruir lo bueno que Dios tiene en mente para nosotros.

El buen plan de Dios puede ser que haya sido interrumpido en nuestras vidas, pero necesitamos entender el corazón de Dios y el poder restaurador de su perdón. A Dios no le gusta cuando alguien nos hiere y trata de estropear el plan que Él tiene para nosotros. Debería ser de enorme consuelo para nosotros saber que mientras Él nos hace descasar en pastos delicados para restaurar nuestra alma, sigue trabajando a nuestro favor ¡respecto a nuestra situación!

Si confiamos en el Señor, Él hará por nosotros aquello que no podemos hacer por nosotros mismos. Solamente Él tiene el poder de restaurar lo que hemos perdido, sea que esa pérdida haya sido por una falta nuestra o de nuestro enemigo.

PALABRA DE DIOS PARA TI

*Mas el Consolador [Consejero, Ayudador,
Intercesor, Abogado, Fortalecedor, el que está a
nuestro lado], el Espíritu Santo, a quien el
Padre enviará en mi nombre [en mi lugar, para
representarme y actuar en mi nombre], él os
enseñará todas las cosas, y os recordará [les
recordará, les traerá a memoria] todo lo
que yo os he dicho.*

(JUAN 14:26)

MEMORIAS

*E*l significado básico de la palabra restaurar es "regresar (de aquí o de lejos) literal o figurativamente (no necesariamente la idea es volver al punto de partida)". Dios quiere llevarnos de regreso al punto desde donde salimos, el lugar desde donde nos apartamos de su plan para nosotros, y luego llevarnos hacia adelante para hacer que las cosas resulten de la manera que Él tuvo la intención desde un principio. Dios no necesariamente nos llevará en forma física de nuevo al lugar, y con frecuencia no lo hace. Pienso que Él ni siquiera trata de volver allí con nuestra memoria y revivir esa experiencia, aunque tal vez algunas personas necesitan hacerlo si existe una memoria que ha sido bloqueada y deben enfrentar.

Hay cosas sobre mi infancia que no puedo recordar, y eso no me molesta para nada. Algunas cosas mejor no retenerlas antes que recordarlas o revivirlas. Muchas veces la habilidad de olvidar otorgada por Dios es una verdadera bendición.

Una faceta del ministerio del Espíritu Santo es traer cosas a nuestra memoria. Antes que excavar en nuestro pasado, debemos confiar que Dios traerá a nuestra atención únicamente las cosas adecuadas.

Permite que el Espíritu Santo traiga
convicción a tu corazón, que te limpie y te llene
para que tus oraciones tengan fe y poder.

Palabra de Dios para ti

Sucedió, pues, que cuando llegó José a sus hermanos, ellos quitaron a José su túnica [distintiva], la túnica de colores que tenía sobre sí; y le tomaron y le echaron en la cisterna; pero la cisterna [una especie de pozo] estaba vacía, no había en ella agua.

(Génesis 37:23-24)

Y dijo Faraón a José: Pues que [tu] Dios te ha hecho saber todo esto, no hay entendido ni sabio como tú. Tú estarás sobre mi casa, y por tu palabra [con reverencia, sumisión y obediencia] se gobernará todo mi pueblo; solamente en el trono seré yo mayor que tú.

(Génesis 41:39-40)

DEL POZO AL PALACIO

*U*n pozo es un foso, una trampa o una acechanza. Se relaciona con la destrucción. Satanás siempre quiere llevarnos al foso.

José fue vendido en esclavitud por sus hermanos que lo odiaban. En realidad lo tiraron a un pozo y tuvieron la intención de dejarlo allí hasta que muriera, pero Dios tenía otros planes. Finalmente fue vendido como esclavo y llevado a Egipto, donde sufrió abusos y terminó en prisión por negarse a comprometer su integridad. Sin embargo, a todas partes a donde iba José, Dios lo favorecía. Finalmente terminó en el palacio, segundo en el gobierno después de Faraón.

¿Cómo salió José del pozo y llegó al palacio? Creo que fue por mantenerse positivo, negarse a la amargura y tener seguridad y confiar en Dios. Aunque parecía que en varias ocasiones había sido derrotado, en su interior se mantuvo en pie.

José tuvo la actitud correcta. Sin una actitud correcta, una persona puede comenzar en el palacio y terminar en un pozo; esto en realidad le sucede a muchas personas. A algunas aparentemente se les presentan grandes oportunidades, y no hacen nada con sus vidas, mientras que otros, que tienen un muy mal comienzo en la vida, vencen todos los obstáculos y triunfan.

¡No importa dónde comenzó, puede tener un buen final! Lo desafío a hacer algo grande para Dios.

PALABRA DE DIOS PARA TI

*Vosotros pensasteis mal contra mí, mas Dios lo
encaminó a bien, para hacer lo que vemos hoy,
para mantener en vida a mucho pueblo.*

(GÉNESIS 50:20)

BIEN A PARTIR DEL MAL

*D*ios quiere restaurar su alma. De una u otra manera, quiere volver al lugar donde su vida se salió del camino, y transformar todo para bien desde ese momento en adelante.

José es el clásico ejemplo bíblico de cómo Dios toma aquello que se pensó para hacernos mal, y lo transforma para bien. En la dramática escena donde José habla en Génesis 50:20, les dice a sus hermanos que aquello que ellos tuvieron la intención para el mal, y que era verdaderamente malo, Dios lo había utilizado para bien, para salvarlos a ellos, sus familia y cientos de miles de otras personas en un tiempo de hambruna.

En mi propia vida no puedo decir verdaderamente que estoy contenta de que sufrí abuso. Pero a través del poder del perdón y al haber entregado mi abuso a Dios, Él me sanó, me hizo mejor, más fuerte, más poderosa espiritualmente, y sensible como persona. Él ha restaurado mi alma y ha expulsado el temor y la inseguridad. Puedo confiar, amar, perdonar y vivir con simplicidad como estilo de vida, soy libre de disfrutar lo que hago.

Únicamente Dios puede sacar cosas buenas de las malas.

Aún cuando el Señor no puede cambiar lo que le ha sucedido, sí puede cambiar las consecuencias.

PALABRA DE DIOS PARA TI

*El Espíritu de Jehová el Señor está sobre mí,
porque me ungió Jehová; me ha enviado a
predicar buenas nuevas a los abatidos, a vendar
a los quebrantados de corazón, a publicar
libertad a los cautivos, y a los presos apertura
de la cárcel; a proclamar el año de la buena
voluntad de Jehová, y el día de venganza del
Dios nuestro; a consolar a todos los enlutados;
a ordenar [consolación y gozo] que los afligidos
de Sion se les dé gloria [guirnalda o diadema]
en lugar de ceniza, óleo de gozo en lugar de
luto, manto [expresión] de alegría en lugar del
espíritu angustiado; y serán llamados árboles
de justicia, [altos, fuertes, y magníficos,
distinguidos por su rectitud, justicia, y
corrección delante de Dios] plantío de Jehová,
para gloria suya.*

(ISAÍAS 61:1-3)

SEPARE LAS CENIZAS

*A*quí en Isaías 61:3 se nos dice que como parte del proceso de restauración del Señor, Dios pone belleza en el lugar de las cenizas. Pero para que eso nos suceda, debemos estar dispuestas a darle las cenizas.

Puede ser que la hayan herido en el pasado y ha mantenido las cenizas de ese dolor siempre a mano. Cada tanto puede volver a sacarlas y se entristece sobre ellas. Si es así, lo entiendo, porque hace un tiempo yo hacía lo mismo.

Pero usted necesita hacer lo que yo hice y dejar ir esas cenizas, permitir que el viento del Espíritu Santo las haga volar a donde ya no pueda volver a encontrarlas. Este es un nuevo día. No queda más tiempo para afligirse sobre las cenizas del pasado. No tiene más futuro si se queda en el pasado.

Dios sigue teniendo el buen plan que tenía en el momento en que usted llegó a este planeta. Nunca ha cambiado de parecer y nunca lo hará. Desde el mismo momento en que el enemigo la hirió, Dios ha guardado su restauración en su propio corazón. Sepa que usted es ¡valiosa, única, amada y especial ante sus ojos!

*Deje que el Espíritu Santo sople las cenizas
–que todavía quedan del intento que Satanás
hizo para destruirla– y permítale que las
reemplace por belleza.*

PALABRA DE DIOS PARA TI

*Aunque ande en valle [profundo, sin sol] de
sombra de muerte, no temeré mal alguno,
porque tú estarás conmigo; tu vara [para guía]
y tu cayado [para protección] me infundirán
aliento. Aderezas mesa delante de mí en
presencia de mis angustiadores; unges mi
cabeza con aceite; mi copa [llena hasta el
borde] está rebosando.
Ciertamente el bien y la misericordia me
seguirán todos los días de mi vida, y en la casa
de Jehová [está su presencia] moraré
por largos días.*

(SALMOS 23:4-6)

MI COPA ESTÁ REBOSANDO

*A*mo las palabras finales del más amado himno de alabanza a Dios que escribió David en el Salmo 23. Describe la condición en la que el Señor quiere que estemos constantemente. Él quiere que estemos protegidas, guiadas y consoladas. Quiere poner una mesa de bendiciones delante de nosotras, en la misma cara de nuestros enemigos. Quiere ungirnos con el aceite de gozo en vez de tristeza. Quiere que nuestra copa de bendiciones esté siempre rebosando de agradecimiento y alabanza a Él por su bondad, misericordia y amor inagotable hacia nosotras. Y quiere que vivamos para siempre, momento tras momento, en su santa presencia.

Todos estos "querer" son parte del buen plan de Dios para cada una de nosotras. Sin considerar cuán lejos podamos haber caído, Él quiere volvernos a levantar y restaurar hacia ese plan perfecto y justo que tiene para nuestras vidas.

Nos beneficiaría a cada una de nosotras si nos repitiéramos varias veces durante el día: "Dios tiene un plan fantástico para mi vida. Quiero todo lo que Él quiere para mí. Recibo su unción del Espíritu Santo para que llene mi copa y la haga rebosar. Caminaré y viviré en la presencia del Señor".

*Recuerde que lo más importante para
recibir las bendiciones de Dios no es nuestra
gran fe, sino su gran fidelidad.*

Palabra de Dios para ti

*No habrá para que peléis vosotros en este caso;
paraos, estad quietos, y ved la salvación de
Jehová [quien está] con vosotros. Oh Judá y
Jerusalén, no temáis ni desmayéis;
salid mañana contra ellos, porque
Jehová estará con vosotros.
Entonces Josafat se inclinó rostro a tierra, y
asimismo todo Judá y los moradores de
Jerusalén se postraron delante de Jehová,
y adoraron a Jehová.
Y se levantaron los levitas de los hijos de Coat
y de lo hijos de Coré, para alabar a Jehová el
Dios de Israel con fuerte y alta voz.
Y cuando se levantaron por la mañana, salieron
al desierto de Tecoa. Y mientras ellos salían,
Josafat, estando en pie, dijo: Oídme, Judá y
moradores de Jerusalén. Creed en Jehová
vuestro Dios, y estaréis seguros; creed a sus
profetas, y seréis prosperados.
Y habido consejo con el pueblo, puso a algunos
que cantasen y alabasen a Jehová, vestidos de
ornamentos sagrados, mientras salía la gente
armada, y que dijesen: Glorificad a Jehová,
porque su misericordia es para siempre.*

(2 Crónicas 20:17-21)

RESTAURADO PARA ADORAR

A través del poder del perdón entramos en el descanso de Dios y tomamos nuestra posición en Jesucristo. Encontramos que Él es nuestra paz, nuestra justificación y nuestro proveedor. Es el gozo del Señor, que es nuestra fortaleza. Él no nos da gozo; Él es nuestro gozo y nuestra esperanza. Debemos morar en Jesús, bendecirlo y adorarlo.

La adoración nos transforma. Al comenzar a adorar a Dios por los cambios que Él ya está haciendo en nosotros, encontramos que esos cambios comienzan a manifestarse más y más, y experimentamos nuevos niveles de la gloria de Dios, que es la manifestación de todas sus excelencias. En otras palabras, Dios derramará su bondad sobre el adorador.

Hay una liberación que sucede a través de la adoración. Algunas veces necesitamos una liberación mental o emocional. Al adorar al Señor dejamos ir las cargas emocionales o mentales que nos aplastan. Son absorbidas por lo asombroso de Dios.

Comience a adorar temprano por la mañana. Adore mientras se prepara para trabajar, y cuando está en camino al trabajo. Quedará admirada al ver cómo las cosas comienzan a cambiar en su casa y en el trabajo.

*La adoración crea una atmósfera en la
que Dios puede trabajar.*

Palabra de Dios para ti

Doy gracias a Dios, al cual sirvo desde mis mayores con limpia conciencia, de que sin cesar me acuerdo de ti en mis oraciones noche y día.

(2 Timoteo 1:3)

Y por esto procuro tener siempre una conciencia sin ofensa ante Dios y ante los hombres.

(Hechos 24:16)

UNA CONCIENCIA RESTAURADA

La restauración de una verdadera adoración debe venir desde el corazón del adorador. No es –y nunca podrá ser– meramente un comportamiento aprendido. Dios está interesado en el corazón del hombre por encima de todo lo demás. Si el corazón no es puro, nada que venga de parte del hombre es aceptable para Dios.

Pablo habló de la importancia de mantener clara nuestra conciencia. No podemos adorar apropiadamente a Dios con pecados que sabemos que están en nuestras vidas. Debemos acercarnos a Dios con una conciencia pura.

No hay paz para la persona que tiene una conciencia culpable. Su fe no dará resultado; por lo tanto, sus oraciones no serán respondidas. Sus excusas por haber pecado jamás podrán estar delante de la presencia de Dios.

Una de las principales funciones del Espíritu Santo es enseñarnos toda la verdad, convencernos de pecado y de justicia (ver Juan 16:8,13). La convicción no tiene el propósito de condenar; más bien tiene la intención de llevarnos al arrepentimiento. A través del arrepentimiento y el poder del perdón, nuestra conciencia se limpia y purifica. ¡Qué buenas nuevas! Podemos vivir delante de Dios con una conciencia perfectamente clara.

Permita que su conciencia sea su amiga,
no una fuente de tormento. Pida a Dios que le dé una
conciencia amorosa hacia Él.

No podrá ir más allá de la opinión que tenga sobre usted misma, no importa cuántas cosas buenas Dios pueda decir sobre usted en su Palabra. A pesar de los maravillosos planes que Él pueda tener para su vida, ninguno de ellos se realizará sin su cooperación.

Tratemos a la vergüenza

PALABRA DE DIOS PARA TI

*De modo que si alguno está [grabado] en Cristo
[el Mesías], nueva criatura [nueva creación]
es; las cosas viejas [la condición moral y
espiritual anterior] pasaron; he aquí todas son
hechas nuevas (...)
Al que no conoció pecado [Cristo,
virtualmente], por nosotros lo hizo pecado,
para que nosotros fuésemos hechos [nos dieran,
seamos vistos, y ejemplos de] justicia de
Dios en él [lo que debíamos ser, aprobados
y aceptables y en correcta relación con Él,
por su bondad].*

(2 CORINTIOS 5:17, 21)

Parte Cinco

TRATEMOS A LA VERGÜENZA

n mi vida personal, una de las áreas que encontré más difíciles de tratar fue la de la culpa y la vergüenza. La hemos considerado parcialmente con anterioridad, pero debo extenderme sobre esto. A lo largo de muchas entrevistas con las personas, he descubierto que la confusión que rodea este tema es un problema enorme para aquellos que deberían disfrutar del poder del perdón en sus vidas.

Arrastré un sentido de culpa durante un tiempo tan largo como puedo recordar. La culpa fue mi compañera constante. ¡Íbamos a todos lados juntas! Comenzó temprano en mi niñez mientras sufría abuso sexual. Aunque mi abusador me dijo que lo que hacían no estaba mal, eso me hacía sentir sucia y culpable. Y esa sensación fue aumentando a medida que crecí y me di cuenta de lo mal que estaba eso. No recuerdo haber estado jamás libre de culpa, aun cuando no estaba haciendo nada malo.

Si desde joven le repitieran una y otra vez que usted no es buena, que hay algo malo en usted, que no puede hacer nada bien, que no es valiosa y que nunca llegará a nada, es muy posible que comience a creerlo y entonces esos pensamientos echaran raíces en su vida.

Si su vida tiene raíces en la vergüenza,
el poder del perdón llega aún a las
raíces más profundas.

PALABRA DE DIOS PARA TI

Cada día mi vergüenza está delante de mí, y la confusión de mi rostro me cubre.

(SALMOS 44:15)

La vergüenza enraizada

*H*ay una vergüenza que es normal y sana. Si pierdo o rompo algo que pertenece a otra persona, me siento avergonzada por mi falta. Lo siento, pero puedo pedir perdón, recibirlo y continuar con mi vida. La vergüenza sana nos recuerda que somos seres humanos con debilidades y limitaciones.

En el Jardín del Edén, después de la caída, Adán y Eva se avergonzaron cuando se dieron cuenta de que estaban desnudos (ver Génesis 3:6-8). Fueron, se escondieron e intentaron cubrirse. Pero esa era también una reacción normal. Si pecamos, nos sentimos mal hasta que nos arrepentimos y somos perdonados.

Pero cuando un individuo esta enraizado en la vergüenza, esto envenena su vida entera. No está avergonzado de lo que ha hecho, está avergonzado de todo lo que es. Esa persona toma la vergüenza y la transforma en el centro de su ser. Todo se envenena en su vida por sus emociones, de modo que llega a ser una persona basada en la vergüenza.

El poder de la gracia y el perdón fueron
enviados para librarnos de la vergüenza que
quiere hacernos creer que hay algo malo en nosotros.

PALABRA DE DIOS PARA TI

*Porque cada árbol se conoce por su fruto; pues
no se cosechan higos de los espinos, ni de las
zarzas se vendimian uvas.
El hombre bueno [honorable, intrínsecamente
bueno], del buen tesoro [del depósito] de su
corazón saca lo bueno [honorable e
intrínsecamente bueno]; y el hombre malo, del
mal tesoro de su corazón saca lo malo
[lo malvado e intrínsecamente malo]; porque de
la abundancia [del desborde] del corazón
habla la boca.*

(LUCAS 6:44-45)

EL FRUTO DE LA VERGÜENZA

*P*ara la persona que está enraizada en la vergüenza, tarde o temprano el fruto comenzará a manifestarse por sí solo. Con frecuencia, por nuestro temor de ser vistos como lo que pensamos que somos, tratamos de ser de una manera para una persona o grupo, y de otra totalmente diferente para otro. En nuestro proceso de tratar de evitar el rechazo agradamos a otros, pero podemos perder la dirección de quienes realmente somos, y terminamos confundidos y tristes.

Si creemos y sentimos que quienes somos no es aceptable, podemos comenzar a esconder nuestros verdaderos sentimientos. Algunas personas se vuelven tan adictas a reprimir los verdaderos sentimientos, que se congelan emocionalmente, y son incapaces de expresar ningún tipo de sentimiento u emoción, porque les resulta demasiado doloroso hacerlo. ¿Cuántos hombres ponen una fachada machista y no muestran ni ternura ni sensibilidad, por temor a parecer débiles o afeminados?

Descubrí que siempre me sentía derrotada porque sin importar los logros que consiguiera en lo exterior, aún me sentía mal en lo interior. ¡Estaba avergonzada de mí misma! No me gustaba ser quien era. Continuamente rechazaba mi ser real y trataba de ser alguien o algo que no era y nunca podría ser. Ese es el fruto malo de la vergüenza.

Es tiempo de salir de detrás de nuestras máscaras y ser genuinas. Únicamente el Espíritu Santo puede enseñarnos quienes realmente somos.

PALABRA DE DIOS PARA TI

Para que habite [se establezca, more, haga su hogar permanente] Cristo por la fe [realmente] en vuestros corazones.

(EFESIOS 3:17)

Nuestro "tanque de amor"

Cada uno de nosotros nace con un "tanque de amor", y si nuestro tanque está vacío, tenemos problemas. Necesitamos comenzar a recibir amor desde el momento que nacemos, y continuar recibiéndolo –y dándolo– hasta el día de nuestra muerte.

Algunas veces Satanás se las arregla y acomoda las cosas para que en vez de recibir amor, recibamos heridas y abuso. Si ese arreglo continúa, nos transformamos en muertos de hambre de amor y nos desviamos y, por consiguiente, somos incapaces de mantener relaciones sanas. Si no podemos conseguir desde nuestro interior buenos sentimientos, los buscamos afuera. Muchos desarrollan comportamientos adictivos de diferente tipo, para tratar de encontrar satisfacción interior. Se vuelven al sexo, a las drogas, al alcohol, al tabaco, a la comida, al dinero, al poder, al trabajo, a la televisión, a los deportes y otras adicciones, para intentar obtener algún buen sentimiento.

Las buenas nuevas son que cualquier cosa de la cual fuimos privados en el pasado, podemos recibirla de parte del Señor. Él es nuestro Pastor, nada nos faltará (ver Salmos 23:1). Él nos ha prometido no quitarnos ninguna cosa buena (ver Salmos 84:11). Podemos enraizarnos en su amor y no echar raíces o quedarnos con el fruto del mal árbol de la vergüenza.

*No tenemos que atravesar ni un solo momento
más de nuestra vida con el "tanque de amor" vacío.
La clave es recibir el amor de Dios.*

PALABRA DE DIOS PARA TI

*Bienaventurados [felices, alegres, gozosos,
espiritualmente prósperos, con gozo vital y
satisfacción por el favor de Dios y la salvación,
sin importar las condiciones exteriores] los
mansos [los apacibles, pacientes, sufridos],
porque ellos recibirán la tierra por heredad.*

(MATEO 5:5)

Verdadera mansedumbre

*U*na raíz de vergüenza siempre se manifiesta de maneras anormales. Amargura, enojo y hostilidad producen emociones contenidas, que no se liberan apropiadamente. Algunas personas en realidad piensan que merecen que otros las aventajen o directamente se transforman en felpudos de todo el mundo. Son poquita cosa y cobardes.

Yo no era así. Ni siquiera sabía con quién estar enojada. Todo lo que sabía era que estaba enojada, y herida. Estaba cansada de ser maltratada, y no iba a aguantar nada de nadie. Siempre estaba en el punto que yo llamaba "de explosión". Todo lo que se necesitaba era que alguien me incomodara u ofendiera por algo que había salido mal, y yo ya estaba lista para "explotar".

Dios quiere que pongamos las raíces de nuestras vidas en la mansedumbre de Jesús. Vemos en su vida el poder de reprimir y expresar el enojo en los momentos correctos. La mansedumbre es el terreno intermedio entre los extremos emocionales. La mansedumbre nunca permite al enojo que salga fuera de control. Lo canaliza en la correcta dirección para el propósito adecuado. Necesitamos orientar nuestro enojo, alejarlo de las personas y de nosotros mismos, y enfocarlo en la fuente de nuestro problema: el diablo y sus demonios (ver Efesios 6:12).

*La verdadera mansedumbre es enojarse
en el momento correcto, en la medida exacta y
por las razones justas.*

PALABRA DE DIOS PARA TI

*Según nos escogió en él antes de la fundación
del mundo, para que fuésemos santos y sin
mancha delante de él (...) Para alabanza
de la gloria de su gracia, con la cual nos hizo
aceptos en el Amado.*

(EFESIOS 1:4, 6)

ACEPTOS EN EL AMADO

*R*ecuerdo haber esperado en una fila para recibir oración, cuando escuché hablar a una señora cerca de mí, contarle a un pastor de qué manera se odiaba y despreciaba a sí misma. El pastor la sorprendió a ella y a mí cuando le dijo:

– ¿Quién se piensa que es usted? ¡No tiene ningún derecho a odiarse! Dios la amó tanto que envió a su único Hijo para que muera por usted... para que sufra en su lugar. Usted no tiene ningún derecho a odiarse o rechazarse. Su parte es recibir aquello por lo cual Jesús murió para que usted tuviera.

Algunas veces se hace necesaria una palabra fuerte para que podamos ver la trampa que Satanás nos ha puesto. El autorrechazo y el autodesprecio a veces hasta pueden sonar piadosos a la persona que se basa en la vergüenza. Eso puede transformarse en una forma de autocastigo por nuestros fracasos e incapacidades.

Dios nos ordenó, destinó y planificó con amor, para que fuéramos adoptados y aceptados como sus propios hijos a través de su Hijo, Jesucristo. Cuando ni siquiera existíamos, nos eligió y apartó para que quedáramos sin culpa delante de su vista, por encima de todo reproche delante de Él, en amor. Al saber esto, deberíamos tener nuestros "tanques de amor" ¡llenos hasta que se derramen!

Jesús llevó los pecados de usted, su culpa,
odio y condenación a la cruz. ¡Qué gloriosa verdad!

PALABRA DE DIOS PARA TI

*Porque de tal manera amó Dios al mundo, que
[aún] ha dado a su Hijo unigénito [único] para
que todo aquel que en él cree [confía, descansa
en, se aferra], no se pierda [no se destruya, no
perezca], mas tenga vida eterna.*

(JUAN 3:16)

*Amarás a tu prójimo como [lo haces]
a ti mismo.*

(MATEO 19:19)

AMARSE A SÍ MISMO

Creo que uno de los problemas más grandes que tienen las personas hoy, es la manera en que se sienten con respecto a sí mismas. La verdad es que la mayoría de las personas acarrean malas actitudes y autoimágenes negativas. Muchas de ellas han llevado lo negativo por tanto tiempo, que ni siquiera se dan cuenta que lo llevan.

¿Qué piensa de usted? ¿Qué tipo de relación tiene con usted mismo? Sin importar lo que haga o donde vaya en esta vida, siempre tendrá que tratar con usted. No hay manera de escapar de usted.

El Señor nos mandó amarnos a nosotros mismos como amamos a nuestro prójimo. Muchos de nosotros pensamos que hemos desgastado a Dios con nuestras fallas y desórdenes, pero no puede hacerse eso. Él nos ama porque es amor. Debemos amarnos y aceptarnos como su creación. Todo comienza cuando somos transplantados dentro de su amor y nos enraizamos en Jesús. Que Él pueda ser su fundamento y raíz; de esa forma usted producirá buen fruto.

Reciba el amor que Dios tiene por usted.
Sumérjase en él. Medite en él. Deje que lo cambie y
fortalezca. Y luego déselo a los demás.

PALABRA DE DIOS PARA TI

No temas, pues no serás confundida; y no te avergüences, porque no serás afrentada, sino que te olvidarás de la vergüenza de tu juventud, y de la afrenta de tu viudez no tendrás [verdaderamente] más memoria.

(ISAÍAS 54:4)

GUSTARSE A SÍ MISMO

*N*o es suficiente amarnos, también debemos gustar de nosotros. Si usted no gusta de sí mismo, tendrá dificultades para gustar de otras personas. Si está infeliz consigo mismo, tendrá problemas con otros. Puede simular que las cosas están bien, pero simular no altera los hechos.

Porque estamos enraizados y afincados en amor, podemos relajarnos y con soltura, saber que nuestra aceptación no está basada en nuestros logros o comportamiento perfecto. Podemos estar seguros sabiendo que nuestro valor y merecimiento no depende de quienes somos, ni de cómo pensamos, ni de qué decimos o hacemos. Está basado en nuestra relación con Jesús.

Gustar de nosotros simplemente significa que nos aceptamos como creación de Dios. Aceptamos el hecho de que, a pesar de que fracasemos, eso no significa que dejamos de ser Hijos de Dios.

Mírese al espejo cada mañana y diga: "Me gustas, eres una hija de Dios. Él te ama por quien eres. Tienes dones y talentos. Eres una persona pura, y me gustas". Si hace eso y realmente lo cree, obrará milagros para vencer una naturaleza basada en la vergüenza.

*Tenemos que estar en paz con nuestro
pasado, contentas con nuestro presente y seguras
sobre nuestro futuro, al saber que están
en las manos amorosas de Dios.*

Palabra de Dios para ti

*En lugar de vuestra [anterior] doble confusión
y de vuestra deshonra, [su gente] os alabarán
en sus heredades; por lo cual en sus tierras
poseerán doble honra [que habían perdido], y
tendrán perpetuo gozo.*

(Isaías 61:7)

DOBLE RECOMPENSA

*S*i está convencida de que tiene una naturaleza basada en la vergüenza, o que está enraizada o afincada en la vergüenza, esa maldición puede ser quebrada a través del poder de Dios. En Isaías 54:4 y 61:7 el Señor ha prometido quitar la vergüenza y la deshonra de nosotras, para que no la recordemos más. Él ha prometido que en su lugar derramará sobre nosotras una doble bendición, para que podamos poseer el doble de lo que habíamos perdido, y que tendremos gozo eterno.

Manténgase en la Palabra de Dios. Pida al Señor que obre un milagro de sanidad en su mente, voluntad y emociones. Permítale entrar y cumplir aquello que vino a hacer: sanar los corazones rotos, vendar nuestras heridas, dar belleza en lugar de cenizas, gozo en lugar de luto y manto de alegría en lugar de espíritu angustiado, doble honor en lugar de doble vergüenza.

Determine que a partir de este momento en adelante va a rechazar las raíces de amargura, vergüenza, negativismo y perfeccionismo, y echará raíces y se afincará en el amor de Cristo.

*Dibuje la línea de sangre de Jesucristo
a través de su vida, y declare con coraje que es
sana de los dolores y heridas del pasado, y libre
para vivir una nueva vida de sanidad e integridad.*

———— ❧ ————

*¡Niéguese a vivir el resto de su vida
en una prisión de sospechas y temor!
Y no busque a otros para cubrir sus
necesidades. Mire a Dios. Cualquier
cosa que puedan hacerle las personas,
Dios puede arreglarlo.*

Vivamos
libres

PALABRA DE DIOS PARA TI

*Pero Jesús [de su parte] mismo no se fiaba de
ellos, porque conocía a todos [los hombres], y
no tenía necesidad de que nadie le diese
testimonio del hombre, pues él sabía lo que
había en el hombre [podía leer los
corazones de los hombres].*

(JUAN 2:24-25)

Parte Seis

VIVAMOS LIBRES

 l poder del perdón es el poder de Dios para transformarnos desde adentro hacia afuera. Jesús es nuestro ejemplo y modelo para cada aspecto de nuestras vidas, y demostró cómo debíamos vivir en relación a las otras personas.

Jesús no confiaba en las personas, porque conocía la naturaleza humana. Comía, bebía, reía y lloraba con las personas. Confiaba en ellas y hablaba de cosas íntimas desde su corazón. Eran sus amigos, y Él se preocupaba por ellos. Pero no se confiaba a sí mismo en ellos.

Pienso que eso significa que no se volvía dependiente de ellos. No se entregaba completamente abierto. No les permitía llegar al lugar donde ya no podía continuar con ellos. A propósito se mantenía en una posición donde estaba básicamente dependiendo de Dios y solamente de Dios.

Lo que el Señor nos dice es que quiere que vivamos nuestras vidas en forma equilibrada. Debemos amar a los demás y mantener buen compañerismo con ellos. Pero nunca debemos cometer el error de pensar que podemos confiarnos completamente a los demás.

No puedo decirles: "Simplemente confíen en las personas; no van a herirlas". Debemos enfrentar la realidad de que las personas hieren a las otras personas.

PALABRA DE DIOS PARA TI

*Pero lejos esté de mí gloriarme; sino en la
cruz de nuestro Señor Jesucristo [el Mesías],
por quien el mundo me es crucificado a mí
y yo al mundo.*

(GÁLATAS 6:14)

*Así ha dicho Jehová: Maldito [con gran mal] el
varón que confía en el hombre; y pone
su carne [humana] por su brazo, y su
corazón se aparta de Jehová.*

(JEREMÍAS 17:5)

MANTENGAMOS EL EQUILIBRIO JUSTO

*P*ablo dejó claro que no se gloriaba en nada ni en nadie, porque el mundo había sido crucificado para él y él para el mundo. Lo que creo que significa que mantenía a todas las cosas –incluyendo las personas, lugares y puestos– en un equilibrio justo en su vida. No dependía de nadie ni de nada para tener gozo, paz y victoria en el Señor. No presionaba a sus relaciones en un esfuerzo para obtener de las personas lo que únicamente Dios podía darle.

Si no somos cuidadosos para mantener un equilibrio justo en nuestras vidas, desarrollaremos dependencias con las cuales Satanás podrá jugar para destruirnos, a nosotros y nuestra efectividad para Cristo.

Este es el equilibro que Dios requiere de nosotros: cuando busco cubrir mis necesidades, fracaso; y cuando busco a otros para que cubran mis necesidades, me fallan. El Señor requiere que se le permita a Él cubrir nuestras necesidades. Cuando miramos a Él, con frecuencia usa a personas para que cubran nuestras necesidades, pero nosotros lo miramos y dependemos de Él, no de las personas a través de las cuales Él trabaja.

*No presione a los demás teniendo la
expectativa de que nunca van a desilusionarlo,
fallarle o herirlo. Cuando confiamos en Dios,
Él cumplirá correctamente su plan en nuestra vida.*

PALABRA DE DIOS PARA TI

*Poned la mira en las cosas de arriba,
no en las de la tierra.
Porque habéis muerto, y vuestra vida está
escondida con Cristo en Dios.*

(COLOSENSES 3:2-3)

VIVOS EN CRISTO

*S*i usted y yo nos permitimos ser dependientes o adictos a las cosas o personas, el diablo nos usará para producirnos toda clase de aflicciones. Es la razón por la que debemos mantener nuestros ojos en Jesús y no en las cosas de esta Tierra. Tal como Pablo, usted y yo estamos "muertos a este mundo" y el mundo está muerto para nosotros. No debemos buscarlo para que nos ayude, debemos buscar a nuestro Señor.

Usted y yo nunca vamos a estar completos y bien mental, emocional o espiritualmente, mientras que pensemos que tenemos que tener a alguna persona o cosa. Puede ser que sea lindo tenerlos, pero no necesitamos tener a nadie o nada ¡sino a Dios, para estar bien!

¿Busca en las personas o en las cosas, para alcanzar la felicidad? En mi oración diaria algunas veces digo: "Padre, hay algo que quiero, pero no quiero salir del equilibrio o adelantarme a ti. Si es tú voluntad, me gustaría tenerlo. Pero si no, entonces puedo ser feliz sin eso, porque quiero que tú seas el número uno en mi vida".

Confíele a Dios las personas de su vida;
usted puede ser que no sepa qué hacer
con ellas, pero Dios sí lo sabe.

Palabra de Dios para ti

*Pero sed hacedores [obedezcan el mensaje] de
la palabra, y no tan solamente oidores,
engañándoos a vosotros mismos [en engaño,
razonando contrariamente a la verdad].
Porque si alguno es oidor de la palabra pero no
hacedor de ella, éste es semejante al hombre
que considera en un espejo su [propio] rostro
natural. Porque él se considera a sí mismo, y se
va, y luego olvida cómo era.
Mas el que mira atentamente en la perfecta ley,
la [ley] de la libertad, y persevera en ella, no
siendo oidor olvidadizo, sino hacedor [que
obedece] de la obra, éste será bienaventurado
en lo que hace [en su vida de obediencia].*

(Santiago 1:22-25)

HACEDORES DE LA PALABRA

*S*i usted y yo vamos a caminar en el poder y la libertad de nuestro perdón, debemos transformarnos en hacedores de la Palabra y no solamente ser oidores. De otra manera nos engañaremos a nosotros mismos al ir en contra de la verdad.

Es la verdad y la verdad solamente la que nos mantendrá libres. Para que esa verdad pueda obrar en nuestras vidas, debemos ser responsables. Para recibir lo que Dios nos prometió en su Palabra, debemos obedecer la Palabra. No debemos tratar de excusarnos por nuestros pecados y debilidades. En vez de eso, debemos transformarnos en siervos obedientes a Dios y no a nuestra naturaleza humana o a otras personas o cosas.

El punto básico es este: Dios es nuestro Ayudador. Él es nuestro Sanador. Tiene un plan personalizado para su vida, en su Palabra. Asegúrese de saberlo, luego comience a caminar en obediencia a la verdad, un paso por vez. Obedecer la Palabra requiere consistencia y diligencia. No podemos simplemente intentar a ver si resulta. Debe haber una dedicación y compromiso a obedecer la Palabra, sin tener en cuenta los resultados.

Caminaremos en victoria si
hacemos lo que el Señor dice.

PALABRA DE DIOS PARA TI

*Así que, cualquiera que se humille como este
niño [confiando, modestamente, perdonando]
ése es el mayor en el reino de los cielos.
Y cualquiera que reciba en mi nombre a un
niño como este, a mí me recibe.*

(MATEO 18:4-5)

VUÉLVASE NIÑO

*U*sted y yo debemos humillarnos y volvernos como niños pequeños. Mientras que el Señor quiere que crezcamos en nuestra actitud, comportamiento y aceptación de responsabilidades en Cristo (ver Efesios 4:15), al mismo tiempo quiere que seamos como niños en nuestra dependencia y en la libre expresión de sentimientos hacia Él.

Una de las características de un niño es que se divierte en todo lo que hace. Se las arregla para pasar un buen tiempo. Dios quiere que aprendamos cómo disfrutar de las cosas y también de Dios. Él quiere que disfrutemos de la oración, del estudio bíblico, del ir a la iglesia, así como quiere que nosotros disfrutemos de nuestro cónyuge, hijos, familia, hogar y todo lo demás de la vida, incluyendo lo terrenal. Por demasiado tiempo hemos dejado a un lado el disfrute de la vida.

Necesitamos encontrar más humor en nuestro vivir diario. Y una de las primeras cosas que necesitamos aprender es a reírnos de nosotros mismos. En vez de enojarnos ante nuestros errores y deficiencias, necesitamos aprender a reír ante nuestros fracasos y puntos débiles. Como decía Art Linkletter "¡La gente es cómica!" Y eso nos incluye a nosotros.

Jesús quiere que caminemos en la
libertad como lo hacen los niños pequeñitos.

PALABRA DE DIOS PARA TI

*En el último y gran día de la fiesta, Jesús se
puso en pie y alzó la voz, diciendo:
Si alguno tiene sed venga a mí y beba. El
que cree en mí, como dice la Escritura, de su
interior correrán ríos de agua viva.
Esto dijo del Espíritu que habían de recibir
los que creyesen en él, pues aún no había
venido el Espíritu Santo, porque Jesús no había
sido aún glorificado.*

(JUAN 7:37-39)

EL AGUA VIVA

Usted y yo hemos nacido con un pozo lindo, limpio, dentro de nosotros. Con el tiempo Satanás viene y comienza a tirar piedras dentro de ese pozo. Para cuando llegamos a ser adultos, nuestros pozos están tan llenos de piedras, que no funcionan. Cada tanto podemos sentir un pequeño gorgoteo de agua en lo profundo, pero nunca experimentamos el agua que fluye libremente.

Observe en Juan 7 que Jesús no dijo que de aquellos que creen en Él fluirán ríos de agua viva de vez en cuando. Dijo que estos ríos de agua viva iban a fluir continuamente. Esa agua viva es el Espíritu Santo. Él apaga la sed más profunda del alma.

Ese río de agua viva fluye dentro de todo aquel que ha recibido a Jesús como Señor y Salvador. El Espíritu Santo, esa agua viva, nos capacita para vivir de acuerdo a la voluntad de Dios, un camino que nos lleva a la libertad.

*Permitir que el Espíritu Santo fluya
a través de usted no solamente le llevará agua,
sino también a los que lo rodean.*

PALABRA DE DIOS PARA TI

*Aunque la higuera no florezca, ni en las vides
haya frutos, aunque falte el producto del olivo,
y los labrados no den mantenimiento,
y las ovejas sean quitadas de la majada, y no
haya vacas en los corrales; con todo, yo me
alegraré en Jehová, y me gozaré en el Dios de
mi salvación.
Jehová el Señor es mi fortaleza [mi braveza
y mi ejército invencible], el cual hace mis pies
como de ciervas, y en mis alturas [progreso
espiritual] [sobre los problemas, sufrimiento, o
responsabilidad] me hace andar [no quedarme
duro de terror, sino caminar].*

(HABACUC 3:17-19)

¡SEA FUERTE!

*H*abacuc, un profeta del Antiguo Testamento, habló de tiempos difíciles, los llamó "lugares altos" y declaró que Dios le había dado pies de cierva para escalar esos lugares altos. "Ciervo" se refiere a cierto tipo de gacela que es ágil al escalar montañas. Puede escalar lo que directamente parece un peñasco, salta de saliente en saliente con enorme facilidad.

Esta es la voluntad de Dios para nosotros, que cuando venga la dificultad a nuestro camino no estemos intimidados ni asustados. Para ser verdaderamente victoriosos, debemos crecer hasta el punto donde no estemos asustados por las épocas difíciles, sino desafiados por ellas. En estos versículos "los lugares altos" se refieren a "problemas, sufrimientos o responsabilidades". Es así porque durante esos tiempos es cuando crecemos.

Si mira hacia atrás en su vida, verá que nunca creció en los tiempos fáciles, sino durante los difíciles. Durante los tiempos fáciles puede disfrutar de lo que ha ganado durante los difíciles. Este es realmente un principio de vida: es de la manera en que funciona.

Dios desea restaurarnos a usted y a mí
a nuestra posición correcta de autoridad.
Nacimos destinados para el trono y no
para la pila de cenizas de la vida.

PALABRA DE DIOS PARA TI

*Cuando pases por las aguas,
yo estaré contigo, y si por los ríos, no te
anegarán. Cuando pases por el fuego, no te
quemarás, ni la llama arderá en ti.*

(ISAÍAS 43:2)

Atraviese todo el camino

*D*ios quiere que seamos diligentes y atravesemos todo el camino con Él, no solamente hasta que se vuelve difícil, y entonces nos quedemos allí. Uno de nuestros grandes desafíos es enfrentar nuestras montañas antes que intentar rodearlas.

Algunas veces damos vueltas y vueltas alrededor de la misma montaña, y terminamos como los israelitas en el desierto, que anduvieron durante cuarenta años (ver Deuteronomio 2:1-3). Debemos aprender a enfrentar nuestras montañas y determinarnos a ir hasta el final del camino, con Dios. Ese es el único camino hacia la victoria.

La animo a ir todo el camino con Dios, no importa lo difícil que parezca. Deje que Dios haga el camino en su vida. Ore por la voluntad de Dios y no por la suya. Lo que Dios quiere es que usted ponga su rostro como un pedernal, se prepare y atraviese todo el camino.

Determínese a disfrutar el camino. Disfrutar de la vida es una actitud del corazón, una decisión de disfrutar todo y por causa de todo; aún las cosas pequeñas, aparentemente insignificantes, tienen una parte en el plan de Dios para nuestras vidas.

*Cuando creemos que es la voluntad de
Dios para nosotros experimentar el gozo continuamente,
descubriremos el poder que nos levantará por encima
de las circunstancias de la vida.*

PALABRA DE DIOS PARA TI

*Y habiendo sido perfeccionado, vino a ser autor
de eterna salvación para todos
los que le obedecen.*

(HEBREOS 5:9)

*Puestos los ojos [sin distraerse] en Jesús, el
autor y consumador [llevándola a madurez y
perfección] de la fe [que nos da el primer
incentivo de nuestra creencia],
el cual por el gozo [de obtener el premio],
puesto delante de él sufrió la cruz,
menospreciando el oprobio, y se sentó a la
diestra del trono de Dios.*

(HEBREOS 12:2)

PUENTES Y NO PAREDES

*E*n vez de las paredes que yo sabía construir alrededor de mi vida, he aprendido a edificar puentes. Por el poder de la gracia y el perdón de Dios, todas las cosas difíciles e injustas que me han sucedido fueron transformadas en avenidas a través de las cuales otros pueden pasar para ir al encuentro de la misma libertad que yo encontré.

Dios no hace acepción de personas (ver Hechos 10:34). Lo que hizo por mí, lo hará por usted, siempre y cuando siga sus preceptos. Puede descubrir la misma libertad que yo encontré, y puede transformarse en un puente para que otros pasen por encima, en vez de una pared que los encierre.

Jesús fue el pionero: abrió un camino para nosotros hacia Dios. Se transformó en una carretera para que pasemos por encima. Se sacrificó por nosotros, y ahora que nos beneficiamos de su sacrificio, nos da una oportunidad de sacrificarnos por otros, para que puedan cosechar los mismos beneficios que nosotros disfrutamos. Cuando mi camino se pone difícil, me recuerdo a mí misma que Jesús soportó la cruz por el gozo de obtener el premio que había sido puesto delante de Él.

*Tome la decisión de derribar sus paredes
y edificar puentes. Hay muchas personas que
están perdidas en sus desórdenes, y necesitan que
alguien vaya delante de ellos y les muestre el camino.
¿Por qué no puede ser usted esa persona?*

Joyce Meyer

Joyce Meyer ha enseñado la Palabra de Dios desde 1976, y está dedicada por completo al ministerio desde 1980.

Su programa radial "Vida en la Palabra" se escucha en todos los Estados Unidos; su emisión televisiva es vista alrededor del mundo.

Viaja extensamente; predica sus mensajes que cambian vidas a través de las conferencias "Vida en la Palabra", y también en iglesias locales.

Para contactar a la autora, escriba a:

Joyce Meyer Ministries
P. O. Box 655 • Fenton, Missouri 63026, EE.UU.
O llame al: (636) 349-0303

La dirección de Internet es: www.joycemeyer.org

En Canadá, escriba a: Joyce Meyer Ministries Canada, Inc.
Lambeth Box 1300 • Londres, ON N6P 1T5
O llame al: (636) 349-0303

En Australia, escriba a: Joyce Meyer Ministries-Australia
Locked Bag 77 • Mansfield Delivery Center
Queensland 4122
O llame al: (07) 3349-1200

En Inglaterra, escriba a: Joyce Meyer Ministries
P. O. Box 1549 • Windsor • SL4 1GT
O llame al: 01753-831102

Esperamos que este libro
haya sido de su agrado.
Para información o comentarios,
escríbanos a la dirección
que aparece debajo.
Muchas gracias.

PENIEL

info@peniel.com
www.peniel.com